JN409220

솔 향기 되어

松畛 최홍준 시집

도서출판 엠-애드

솔 향기 되어

松眕 최홍준 시집

|서 문|

통합적 존재의 집으로의 시세계

김 원(시인, 한국문인선교회 부회장)

하이데거는 "시는 존재의 집"이라고 말했다. 실존성이 강한 글이 곧 시라는 뜻이다. 따라서, 시의 출발은 의식의 공백지대에서부터 태생한다고 할 수 있으며, 그것은 곧 신화라는 상상력의 지평과 인식의 세계를 확인해가는 일련의 카타르시스와 같다고 볼 수 있다.

최홍준 시인의 「솔향기 되어」 시 전편에 흐르는 시의 철학성과 사유의 깊이를 읽을 수 있었다. 모처럼 깊이 있는 시를 접하게 된 것에 기쁜 마음으로 서문을 쓴다. 최 시인의 시는 존재의 감동과 현실 인식의 공간을 신화적 로망의 탄탄한 내재율을 바탕으로 시적 구조의 완성도를 높이고 있다.

숙성된 언어 미학의 에네르기를 통하여 생명의 원형에 접근하려는 진솔한 시인의 창작 태도에 찬사를 보낸다. 특히 그의 시에 나타난 역사의식이나 자연친화적인 시작(詩作) 태도와 소통에 대한 갈망-모든 이들과 악수하고자 하는 통섭의 이미지네이션은 돋보이는 시인 의식이라고 할 수 있다.

또한, 물신(物神)의 시대에 물질만능 아래 숨죽이고 있는 나약한 빈자들이나, 광부들-소외된 이들에 대한 연민을 보이는 그의 시인 의식은 매우 돋보이는 시정신이라고 하겠다.

다른 시인들의 시에서는 찾아보기 힘든 죽음에 대한 깊은 통찰력과 장례식장의 풍경을 페이소스적으로 묘사해내는 탁월한 표현력에 갈채를 보낸다. 이 시집의 제목처럼 '솔향기 되어' 시집이 온누리에 향기가 되어 그의 시편들이 퍼져나가길 염원하며 누구에게나 일독(一讀)을 권한다. 많은 이들에게 공감을 얻게 될 것이다.

| 시인의 말 |

늘 푸르게 솔향기로

시는 어려운 예술이다. 시를 읽고 이해하기도 쉽지 않지만, 쓰는 일은 더욱 힘든 일이다.

공무원으로 사회에 첫발을 디딘 후 장례식장과 요양병원을 운영하면서 분주한 나날을 보냈다. 바르게살기운동 안양시협의회 회장으로서 라이온스 클럽 지역 부총재로서 안양시 7개 도민 향우연합회 회장으로서의 사회생활도 역시 숨가쁜 일상의 연속으로 이어졌다. 아침 일찍 APT 뒷산을 오르며 새소리를 듣는 게 마음을 쉴 수 있는 유일한 시간이곤 했다. 나뭇잎 사이로 맑은 아침 햇살이 살포시 밀려오면 따스한 위로를 얻곤 했다. 그러던 중, 산길에 마련되어 있는 '시인 산책로' 를 걷게 되었다. 시인들의 詩가 판넬로 만들어져 산책로에 전시되어 있었다. 우연히 읽게 된 몇 편의 시들이 마음에 박히며 평안이 되기도 하고, 힘이 되곤 했다. 그렇게 시는 우리들 가까이에 있었다. 우리들 마음 속으로 들어오고 싶어서 그 자리에 서서 사람들 가슴마다에 노크를 하곤 한다는 느낌. 그 후 시에 관심을 갖게 되었고, 시를 읽기 시작했다.

"향을 쌌던 종이에서는 향내가 나고, 생선을 쌌던 종이에서는 비린내가 난다" 는 말을 들은 적이 있다. 우연히 한 시인을 알게 되었고, 열심히 창작 활동을 하는 향기 있는 모습을 보면서 내심으로 몹시 부러웠다. "누구나 시인이 될 수 있으며, 누구에게나 시심이 있다" 고 격려하며 시쓰기를 권유하여, 시인으로 등단하게 되었다.

여행지를 다녀와서 거기서 느낀 정서를 시로 형상화한 것들도 몇 십 편이다. 젊음의 날개를 접고 요양병원에 힘없이 누워계신 어르신들을 보면서 시를 짓지 않을 수 없었다. 장례식장을 하면서도 마찬가지였다. 남이 듣지 못하는 것을 듣고, 남이 보지 못하는 것을 볼 줄 아는 게 시인의 시선이라고 했다. 남이 느끼지 못하는 것을 느끼는 벅찬 가슴. 바빠서 숨가쁜 순간에도 시에 대한 갈망. 그것은 어쩌면 돌파구 같은 몸부림이었는지도 모른다. 일기를 쓰듯 일상에서 느끼는 일들을 시로 적었다. 시를 써놓고 자려고 누웠다가도 詩語 하나, 구절 하나가 맘에 들지 않아 다시 일어나 컴퓨터를 다시 켜곤했던 불면의 밤들. 어깨와 목근육과 허리에 통증이 심해지는 것도 모르고, 꼿꼿이 앉아 어깨 근육이 뭉쳐가는 고통도 심했지만, 마음의 평안과 카타르시스로 詩作은 내게 솔향기가 되었다. 윤동주 시인처럼 국문학을 전공하지는 않았지만, "운율과 압축이 있는 글이 시" 라고 배웠기에 운율과 압축 있는 시를 써냈다. 메타포와 직유, 시각적 이미지, 청각적 이미지, 후각적 이미지, 공감각적 심상, 낯설게 하기, 이미지의 폭력적 결합, irony나 paradox 같은 어려운 것들은 잘 모른다. 단지 진솔하게 쓰면, 진실을 읽을 수 있는 독자에게 공감 받는 시가 될 것이라는 믿음.

누군가를 진심으로 사랑하면 그 사람의 마음을 움직일 수 있다. 겨자씨 만한 정성이 태산보다 무거운 상대의 마음도 움직일 수 있는 것이다. 진실은 통한다는 강한 믿음이 있다. 상대방을 배려하고 진정으로 위해 줄 때 상대방은 마음을 활짝 열게 되는 것이다. 요즘은 불통과 벽의 시대라고들 한다. 소통과 화해가 절실히 요청되는 시대가 되어야 할 것이다. 세대 간의 소통, 사회구성원 간의 소통, 공동체 내의 소통. 화해와 희망의 단비가 폭포처럼 내렸으면 좋겠다.

감수성과 열정을 다하여 써놓은 시들을 묶어 한 바구니에 담는다. 작은 불씨처럼 누군가의 가슴을 따뜻하게 녹여주었으면 좋겠다. 사시사철 변함없는 소나무(상록수)처럼 늘 푸르게 솔향기로 누군가에게 희망과 위안이 되는 은은한 향기가 되고 싶은 소망으로 이 시집을 낸다. 여러 독자들과 공감의 악수를 하고 싶다.

2019년 2월 5일 안양에서

최 홍 준

목 차

1부 고금도

2부 도도한 너처럼

3부 그리움

4부 새싹

5부 꽃으로 다시 피어나길

6부 달빛 미소

고금도 가는 길에 비 내린다
3시간 길이 여덟 시간 옥타브 흐리고 느린 빗속을
처덕처덕 느리게 간다

1부

솔향기 되어

고금도

고금도 가는 길에 비 내린다
3시간 길이 여덟 시간 옥타브 흐리고 느린 빗속을
처덕처덕 느리게 간다
몇 백 년 전 그가 며칠 머물던 곳을
찾아오는 건 바람과 햇살 드리운 우리들 뿐
거북선을 고치고, 병사들의 정신교육장
그들이 머물던 흙 언덕에
바다 그림자 드리우고
목이 아프도록 푸르른 완도엔
그를 사랑하는
발자국 드물기만 하다

고금도 가는 길에 푸른빛
애끓는 바다와 고금도

* 고금도(古今島) : 전라남도 완도군 고금면의 섬으로, 장흥반도 남쪽 해상에 있는 섬. 노량해전에서 전사한 이순신 장군의 유해를 이곳 고금도(월송대)에 임시로 80일간 안치했던 곳이기도 하다.

귤 하나

커다란 봉지 속 조그만 귤 하나
하이얀 봉지 속 주황 귤 하나

친구들과 뒤엉켜 어디든 가리지 않고
몸으로 세상을 더듬는 젊은이들
갈 곳 몰라 하는 좌충우돌, 시행착오, 넋두리들

폭풍우와 눈보라 지나고
소나기 지나고 긴 터널 빠져 나온 불혹
그리하여 하늘의 뜻을 알게 된다는 지천명의 침묵

커다란 봉지 속 조그만 귤 하나
이 하나만으로도 세상에 감사를 배우는 이순의 겸손이여
더 이상 세상을 아파하지 않는 고희의 평온이여

커다란 봉지 속 조그만 귤 하나
하이얀 봉지 속 주황 귤 하나

* 불혹 : 40대 * 지천명 : 50대
* 이순 : 60대 * 고희 : 70대

등산 가는 날

등산가는 날
뙤약볕이면 어쩌나
폭풍이 오면 어쩌나
괜한 조바심

하늘인들 무심無心할손가
선선한 바람뿐이다
언제나처럼
산 동무들 다람쥐 된다

천천히 오르면 어떠리
바위에도 앉아 보고
산바람도 쏘여 보고
비 좀 맞으면 어떠리

산이 좋아 산에 나명들명
산이 좋아 산에 안기고
꼭대기에 천천히 오르면 어떠리
산에 있기만 해도 좋은 것을

* 나명들명 : 오고가면서 드나들면서

바위 틈 사이 나무

차가운 바위 틈 사이
어찌 뿌리를 내렸는지
그 사이에 끼인 너의 모습
애처롭구나

그래도 뿌리만은
여인의 젖가슴 같은 고운 흙 속에서
풍성한 열매 맺으려
하늘로 하늘로 가지 타고 올라
하늘과 교통하고
초록빛 잎사귀로 하늘을 담고
햇살을 꼭꼭 씹어
햇살 가득
생명 같은 하늘을 담고
초록 잔치 열렸구나

이토록 강인한 너는 자연의 심원

바위

혓바늘 세워 시어를 헹구는
시인의 단단한 고독

무릎에 쏟아지는
불꽃의 혓바닥

바위의 고독은
벌통 같던 가을 햇살 쏟아지는
그때만이다

무너지는 스스로를
움켜쥐고 있는
목 쉰 갈매기의 외마디
외마디가 되는
그때만이다

산길

산길 따라 한 걸음 한 걸음
저 멀리 산기슭 멀어질수록

사람들 속에서 엉킨 실타래도
한낱 띠끌이라고
산 위로 위로 오를수록
바람타고 속삭이는 소리 있어

아픈 다리도
헉헉 거리는 거친 숨소리도
마음의 분진도
산에 버리고

상큼한 산내음 두 볼을 감싸고
초록 향기 가득 마음에 넣어
가슴 가득 차오르는 기쁨

산길은
마음 치유의 길

산과 산 사이

숲 속 창가로 머얼리 보이는 산
세 겹으로 도레미를 이루고

산과 산 사이 마을에는
나무와 꽃이 있고
사람들의 이야기 있겠죠

사람 사는 이야기
산새가 듣고 내게 전하죠

저 머얼리서 봄이 한발 한발 오고 있다고
아니 바로 내 옆에 와 있다고

서커스 소년 처럼

– 항주 서커스를 보고

당신은 낚시 줄에
당신은 스무 개 의자에
대롱대롱 매달려
목숨을 걸어 본 적 있는가?

여기 차안의 세계
목숨 줄 끈 하나에
매달린
어린 소년
소녀

솔향기 되어

야트막한 산자락
크고 작은 소나무 있었네
하늘 향한
휘어지기도 곧기도

삐죽삐죽한 솔잎 초록
솔향기 가득한
솔잎 바다

봄을 이어 가을도 푸르다가
누렇게 변한 겨울도 있었지

솔잎 향기 가득
솔잎처럼 솔향기 되어
추억 속에 퍼지는 듯 하구나

솔잎 속에 살아있는 듯
솔
솔
솔 향기

순천만 갈대 숲

순천의 바람은 곱고 뜨거웠다

어디서 부는지도 모르는 갈대 냄새
억새풀 같은 갈대숲 갈퀴 속에
돌아오지 않는 갈대 숲길

길 따라 구불구불 걷는 길, 갈대밭
아직 익지 않은 초록바다 사이 길을 본다

갈대숲에 살고 싶다
길 따라 걷는 이들의 발길에
정한수 새벽촛불 밝히던
백제 여인의 타는 목마름이
순천에서도 타 오른다

어디에도 없고 어디에나 있는 그 곳에

깊디깊은 마음
어디에나 있을 갈대 숲
순천

* 정읍사 : 백제 유일의 노래. 장사길 떠난 남정네의 안전을 달에게 비는 노래. 뙤약볕 아래 타는 목마름으로 갈대 숲길을 걷는 이들의 마음이 한결같이 백제 여인의 마음 같다

징검다리 건너지 못하고

– 11월 친구에게 드리는 헌시獻詩

때로 지칠 때면
넉넉한 친구의 마음 씀씀이가
그리워지고
시간의 조각보를 친구에게
걸어 놓으려 메시지 보내네

아무 것도 걸치지 않은
알몸둥이 벌거벗은 마음
우정의 징검다리 건너지 못하고

겹겹이 끼어 입은 겉옷들을
꽁꽁 여미어
간절한 악수 한번 못하고
끝내 죽은 나무처럼
침묵 속을 헤매며
스스로 가면을 벗지 못하네

휘몰아치는 눈보라 끝에
소리 없이 샘솟는 새싹처럼
소리 없이 옷을 벗는 마음의 한자락 빛깔!

네가 있어 참으로 행복하노라
차이코프스키의
바이올린 협주곡 선율만큼

외롭지 않은 시어

맨발, 8월 모래사장처럼
쏟아졌던 너의 목소리는
동굴 속에 부러졌나 보다

어디에도 불지 않는다 뜨거운 모래는

밀려오던 파도덩이는 썰물이었다
푹푹 삶아대던 너의 목소리도
쓸쓸해진 시어도
동글동글 빚어
항아리 속에 있었다

광명역으로 가는 기차는 그를 향한 동아줄이었으나
언제나 서늘한 배웅의 뒷꼭지
돌아올 기차를 혼자 기다리던 두 뺨을 감싸는 시리던 겨울
무거운 원고뭉치를 들고
기차를 기다리는 여인을 놓고
그는 핸드폰 속 다른 세계에 손을 내밀고 있었다
여인은 서운한 찻물 가슴에 쏟았으나

빨갛게 데인 가슴에
곰삭은 시어는 외롭지 않았다

신륵사 그림자

천둥번개 몰아치던 폭풍우
술병 속에
갇혀 있나보다
주둥이 바늘구멍이라
그 속에 잠든 낙타되었나보다

남한강에 드리운 신륵사 고찰
풍경風磬소리까지 담아
어느 도공
도자기 빚을 제

폭풍우 같던 천 년 전 그리움
한 점 박아
한 조각 겨울 햇살
처마 끝에 풍경風磬으로 걸어두고
남한강 따라간 당신 발자국
강물 속에
디시 숨어버렸나보다

까레이스키[1]들의 비애처럼

1) 고려인(高麗人) 또는 고려 사람(러시아어: Корё сарам코료 사람[*])또는 한국계 러시아인은 옛 소비에트 연방 붕괴 이후의 독립 국가 연합 전체에 거주하는 한민족을 이르는 말이다. 러시아에 식량을 찾아 러시아에 귀화한 후 조국을 그리워하고 있으나, 돌아올 길 없는 비운의 사람들.

여수

수년 붉은 달빛이 여수대교를 건넌다

밤에 내린 불빛도 무지개로 떴다
나가사키 야경에서 보았던 불빛 밤 풍경
여수 밤하늘
아름다운 꽃무지

소나무

나는 추운 겨울에도
변하지 않아
추위를 견디지

춘삼월 봄이 오면
푸른 솔잎 새싹이 돋아나고
싱그런 향기를 뿜어내지

더운 여름에는
가을을 맞이할 푸른 솔방울
씨앗을 만들고

향기로운 송진의 끈적임은
나무의 가죽을 보호하고

나는 산천기맥山川氣脈의 주인

기품과 그윽한 향기로
위엄과 예의를 다해
기쁨을 주려하지

도갑사

달이 뜬다
서쪽 하늘 아래
월출산에 달이 뜬다

수백 년을 지나온
그 유명하고 긴 역사
아름다운 유적지 도갑사

해탈 문을 지나가면
번뇌 망상 잊게 되고

편안하고 따스한 부처님
품속으로 들어간다

나 어릴 적엔 달이 뜨는 산과
해탈 문이 무엇인지
의미 알 필요 없었지

근심 걱정 없는
소년의 정겹고 설레는 소풍

익숙했던 이웃집 나들이
행복한 삶이 전부였지

유소년 시절의 추억이 가득한
그립고 자랑스러운
나의 고향 도갑사

남한산성 저녁산책

까만 산개미가 분주히
여왕개미 찾아 길을 건네

많은 산새의 지저귐을 벗 삼아
맨발로 길 따라 함께 걸어본다
청 푸른 잎이 무성한
적송나무가 산 속에 가득 차고

산바람에 살랑이는 솔잎 향은
등껍질 벗겨진 적송의 오묘한 멋과
거목의 묵직한 무게감을 더하고
강인한 생명의 정기를 뱉어낸다

고풍의 무게를 가미한 적송의 단단한
아름다움이 감동적이다
소나무, 단풍나무는 오색 빛깔
가을을 귀띔하고

청산의 울음소리, 자존심을 지키기 위해
용트림 쓰던 수어장대의 기막힌 설움은

적송의 푸른 운치와 맑은 소리에 가려지고

남한산성 청靑푸른 생명의 정기는
서울 외곽을 환하게 불 밝힌다

뉘엿이 타오른 석양의 불길은
밤을 알리는 검은 먹구름이 잠을 재우고

남한산성의 푸른 향과 어둑한 빛깔을 안고
저녁산책의 편안한 행복을 느낀다

손가락에 걸어 투망처럼 던져 보지만
잡힐 듯 빠져나가 버리는
알 수 없는 네 마음

2부
도도한 너처럼

도도한 너처럼

너를 따라
바람에 발자국을 찍는다

자갈치 시장에서
바다를 상추에 싸
송두리째 한입에 넣고 포식해도
마음에 힘이 없다

다섯 개, 여섯 개로 보인다는 섬들은
저만치에서
도도하게 물놀이를 즐길 뿐

해운대 모래 위에
벌러덩 누워
살금살금 네발로 기어오는
파도 끝을
손가락에 걸어 투망처럼 던져 보지만
잡힐 듯 빠져나가 버리는
알 수 없는 네 마음

비봉산에서 청풍호를

얄미운 눈빛 물빛을
그림물감도 아닌 색채를 최화백은
빛깔 없는 초록과 감청이 어린
지난 시절
모든 이들 품었던 맘에
맑은 꿈들 녹아있는
꿈 물이다

꿈은 아름다운 거라서
꿈 물을 두르고 있는 산들마저
소담하게 마술처럼 곱다

맑아서 고운 너를 가슴에 안고
비봉산에 올라 마음을 비집어 보니
다시 너 닮은 마음 큰 조각 한움큼
가슴을 휙 두른다

물빛 토끼풀
꽃반지는 풀빛 약속을 지키리라

매물도 가는 길

출렁이는 파도에
온통 몸을 다 맡기고
통영의 어느 음악가
어린 시절 아버지와 밤낚시를 나섰다는
전설을 녹차밭 바다에서 건져 올렸다

그가 통영 앞바다를 그리워하며
독일 하늘 아래서 쓸쓸히 숨졌다는
구절을 짜디짠 바닷물에 헹구어

그의 협주곡에 섞인 가야금 소리 통통거리던
고음을
갈매기 끼룩이는 소리에 섞어

만리 밖에서 울며 걸어오는 파도의 높이를 재면서
마음 뼈에 박히는
파선의 두려움
마음에 흐르는 눈물, 흐느낌이라 쓴다

수면이 잔잔한 바다 위에
화륜선火輪船 지나간 자리
멀도록 하얗게 부서지는 하얀 포말을
음악이 남긴 흔적의
긴 울림이라 쓴다

* 윤이상(尹伊桑, 독문명: Isang Yun, 1917년 9월 17일 ~ 1995년 11월 3일)은 서독과 통일 독일에서 활동한 대한민국 출신의 현대 음악 작곡가, 바이올리니스트, 기타리스트, 첼리스트이다.

뾰족부리 갈매기

하늘 맑아서 고운 날
맑아서 유리알 같은 날
해운대 바닷가를 걷는다
뾰족 부리 갈매기들 해풍 속을 걷는다
부리 붉어, 발조차 붉은 갈매기들
하얗게 하얗게 날은다
저만치 동백섬까지
은빛 물결 위에 꽃으로 날은다

하늘 맑아서 고운 날
맑아서 유리알 같은 날
서울 묻은 가슴 속
분진 안고 바닷가를 걷는다

저만치 동백섬 은빛 물결에
상처의 피딱지 헹구어
다시 가슴에 넣었더니
파도가
하얗게 씻어낸다

사랑

– 해병대 동료를 그리며

수 십 년 자고 있던 시계바늘이
동굴 속에서도
불꽃처럼 살아있었다
네 가슴에는

검게 그을린 너의 모습
움푹 패인 고랑
얼굴 위에 빗금을 그어도
어둠에서 불빛으로 넘어가는
그 찰나에
여름 뙤약볕 속에 매미 울음처럼 빛났다

물빛처럼
불빛처럼
빗금 친 너의 얼굴은

손등에 바다를 담고

부산 용두산 공원
전망대 높은 유리창에는
선착장
고깃배들 매달려 있다

만선을 꿈꾸던
낡은 어선 어부
페인트 칠 벗겨진 붉은 세월만큼
해풍에
뱃사람들 바다를 거두었다

등 굽은 어부의
움푹 패인 주름 고랑마다
햇볕도 까맣게 구워졌으리라

바다를 꿰매어 엮은
그물은
어부의 손등 위에
주름 하나 지웠다
오늘따라
금빛 물결 반짝이고 있는 거라서

현해탄 건너

시집을 읽는다
노을이 기차 안으로 들어오고 그곳에 구원의 삼나무
한 그루가 서 있으므로
현해탄 건너 시는 나를 취하게 한다
독한 포도주처럼

종유석

소나무 숲에 웅크리고 앉은 컴컴한
대금굴 동굴 속을 들어간다

내리던 안개비 바람에 저으면서
맨손으로 속을 더듬어 보면
폭포 휘파람소리 들린다

물 듣는 소리 따라 제각기
또옥 똑 맨살을 드러낸 종유석

그는 그들에게 말을 걸어보지만
5mm 자라는데 500년 걸린다는 그들의
인내

햇살 없는 오후
그의 뼛속 온도가 동굴에서
끓는 냄비처럼 지난 세월을 회상한다

해병대원을 추억하며
– 포항 밤바다를 보며

포항 밤바다를 걷는다
바다는
밤에 영락없이 파도 속에
찬 바람을 숨겨 두 볼을 만져준다

네四발 파도 발톱 살금살금
마침내
발 앞에 하얗게 부서지자
자정 옷깃에 부딪는 얼음 파도 발자국
지금도
어느 해안선에 꼿꼿이
잠 못 이루는 해병
너를

이제야
해안선에서 너를 영구히 기억할지라도
해병대, 지난 수년 교차로 좌회전
파도 끝에
저만치 등대에 초록불 깜박인다
하얀 몸 초록 빛
너는 평안의 나침반이다

포물선은 보이지 않는다

동박새 직박구리 새소리에
오래 오래 귀를 담그고
삽시간 해무

해무 속에 발걸음은
피아노 건반에 F음

투신해버린 소매물도 등대섬
너는 건너고
너는 건널 수 없는
홍해,
바닷물 갈라지는 소매물도

에메랄드빛, 미역 빛, 물빛 남해
해무 점령해간다
엎어놓은 포물선

하나씩 사라지는
섬
섬

섬 섬

그 안에
그 안에 갇히고 싶은
물빛 마음
포물선은 보이지 않는다

남이섬 풍경

서정의 쉼터
남이섬

해질녘 작은 섬 안의
수변길 한가로운 산책은

가지런하고 단단한
나무의 결들이
향긋한 내음을 풍기고

빛바랜 나무의자는
나그네를 반긴다

작은 파문 잔물결의 움직임은
만물이 살아 숨 쉼을
상기시키고

가장자리 낮은 물 위로
청둥오리 한 마리가

잔잔한 물결 위에
걸쳐 앉아 노를 젓고

저공하는
까마귀와 잠자리 떼는
앞서거니 뒤서거니
날개짓을 한다.

나그네는 해질녘 하늘
별과 달에게 한낮의
태양빛을 밀어주고

흙길 밟아
정겨운 작은 섬에게
다음을 기약하며
작별 인사를 한다

통영에서

소리 들어주세요
마음 깊숙한 곳에서 울리는
물빛 소리
물빛 가슴소리를

아까와는 다른 시간을 위해서
하얀 꽃 울음 들어 보세요
빨개져 가는 봉오리

깊어져 가는 소리
그 말 들어 보세요
마음 깊은 곳의 소리
떨리는 소리를 들어 주세요
봉오리 짙은 빨간

바람이여

바람이여
세찬 강풍이여
어지러운 이 마음을 날려다오

살랑거리는 바람이여
속상한 이 마음을
달래어 보내다오

따사로운 미풍이여
애타는 이내마음
티끌 없이 쓸어다오

고요함과 편안함이 깃든
따사로운 바람이여

흩날리는 꽃씨를

풍요의 땅에 안착할 수
있도록 살포시 불어다오

바다에 가고 싶은 날

바다는 밀물 썰물을
다스리는 주인

많은 것을 담아내고
수용할 줄 안다

거센 파도와 잔잔한
잔파도 또한
물살이 들어설 때와
물러설 때를 안다
눈치도 빠르다

미지의 매력을 뿜어내는
수평선은 아득히 멀고
넓은 바다는 공생하는
모든 것에 예의를 갖춘다

자연적으로 알고 있나 보다
인간의 배반이 없는 한
자연의 약속은

끊임없이 이어지고

신의의 질서를 지킬 줄 안다

서로를 그렇게 아끼며
배려하는 삶이 아쉽고
그리워질 때
바다에 가고 싶다

신륵사 따라간 남한강
뜨거운 강물에 그리움 띄워
베시시 웃고 있는 낯선 나에게
서늘한 내가 물었다

3부
그리움

그리움

철없이 울어대던
천 년 전 그리움처럼
하얗게 번지고

솔잎 같은 그리움
책갈피 속에 겹겹이 개켜 두고

신륵사 따라간 남한강
뜨거운 강물에 그리움 띄워
베시시 웃고 있는 낯선 나에게
서늘한 내가 물었다

헐값에 따라다니는
그리움
앉을 곳이 어디냐고

돌멩이 하나

누군가 던진 돌멩이 하나
내 마음 옥토였을 때
가련하게 여기게 되고

누군가 던진 돌멩이 하나
내 마음 흙탕물이었을 때
분노의 폭탄 분수처럼 되고

누군가 던진 돌멩이 하나
내 마음 진토였을 때
진주 보석되고

마음 밭 기다림의 자세
침묵으로 먼발치에서 지켜보면
보석으로 반짝인다

디케의 저울

거세게 몰아치던 삼척 바다에서 보았다
비바람 치는 파도 끝
방파제에서 부서져 내리는
껍질을 벗어던진 알감자들

디케의 저울은
저 바다의
매운 도루묵 조림 맛
선조 임금이 도루 물리라 하셨다는
거세게 몰아치던 삼척바다
파도 끝에 걸린 도루묵 맛

* 디디케의 저울 : 우리나라 법원의 상징이기도 하다. 디케의 여신이 오른 손에 들고 있는 이 저울은 선과 악, 정의의 저울을 의미하며, 법 앞에 모든 사람들이 평등하다는 의미를 지닌다. 배운 사람이든 그렇지 않든 지위 고하, 성별, 나이 등등. 과연 진리의 저울은 어느 편에도 기울지 않고 있는가?

만 갈래 실타래

질펀이는 마음 속
만 갈래 실타래 끊어버리자고
강요하고 명령한 날선 자존심의 바다
바다처럼 깊고 무거운 명령에
자신을 싣고

가야할 곳이 있어
해야 할 일이 있어

능선 위를 걷고 있는
아침 공기처럼
고요히 자신을 돌아보는 시간, 시간

목이 마르다

백두산 천지에 물이 다 말랐다
너에게 나 또한 말라 버렸나보다

동해 맑아서 고운 한 바가지 떠다
천지에 부어주면
남해 맑아서 뜨거운 한 바가지 떠다
네 가슴에 부어주면

백두산 천지에서 네 가슴까지
내가 주렁주렁 열리려나
동해, 남해 가득한 물 다 마르도록

번호표

번호표 뽑은 손들이 후들후들
허공을 젓는다
애타는 기다림이다
지루한 장마 끝 햇살바라기다

5분 위한
줄 이은 기다림과 염려
아테네 신전으로 가는 구원 길이다
호명처럼
별처럼 번호표 뜨면
우주에 뜬 달 조각도
밥티 같은 미소 짓는다

바짝바짝 타는 사막
소독내마저
서걱서걱 상처 소리도
병원에서는
초조와 바램의 회오리다

뿌리

우연히 내다본 창 밖
잿빛 하늘 앙상한 가지들
하늘 향해 기지개를 켜고

영하의 날씨 속에서
밑동까지 처절하게
얼어버릴 것 같아도

새까만 가지 날카롭게 하늘 향해
겨우내 애 끓는 기원 올리면
포근한 봄 햇살 바라

겨우내 겨우내
가지마다 간절한 기원이 하늘에 닿아
연두 빛 초록빛 축복 담뿍 열리리
깊은 땅 속 뿌리 살아있었기에

겨우내 겨우내
다툰 손마다 간절한 기원이 하늘에 애타게 닿아
다툰 손에 손잡는 용서가 열리리

다툰 손에 손잡는 화해가 열리리
깊은 땅 속 우정의 뿌리 살아있었기에

스승

아침마다 눈을 뜨면
집안 가득
물을 주고 시든 잎 떼어주니
마음 가득한 향연饗宴

화초들 중에 유독 네 앞에
발이 머물곤 하는 것은

물도 제대로 주지 않았는데
피고 나면 또 피고
지고 나면 또 피고
제라늄 분홍꽃

회초리 들지 않았어도
말없이 가르치는 꽃이여

배반으로 가득한 세상에
진실한 마음을 보여주는
일회성으로 가득한 세상에
진실한 신뢰를 가르치는
스승이여

자물쇠

우리들은 뭔가를 꼭꼭 숨긴 채
자물쇠를 채우고 산다
남들에게 들킬까
조바심 내며

우리들은 누군가가 보고 싶어도
말 한마디 못하고 아닌 척 헛기침이다
거절당할까 두려워
속마음을 뒤로 감추며
아닌 척
안 그런 척
진짜 나를 꼭꼭 숨긴다
등 뒤로
가슴 속으로

목이 말라도 아닌 척 딴청이다
목이 마르면 마르다고
보고 싶으면 보고 싶다고
말하지 못하는 얄미운 겁쟁이가
내 가슴 속에 있다

파도의 포말

짙푸른 하늘 고요에
빨간 노을이 가늘게 퍼졌다
여인의 긴 치맛자락 하얀
파도 언저리를 밟으면
발목 위 종아리까지
너의 파편이 뿜어낸 하얀 거품에
섬뜩섬뜩 놀라는 게 내 가슴뿐이겠는가

뼛속 세포 하나하나에
포말이 노을처럼 스민다
이렇게 하염없이 밤바다를 걸으면
먼 바다에 바람이 바뀌어도
한시도 멈추지 아니하고
언뜻언뜻 하얀 종아리를 때리고 가는
강하고 부드러운 파도의 포말처럼

폭풍에 대하여

창밖에
세상을 뒤집는 비바람은
갈기를 곧추 세운 사자의 포효다
삼척바다 해안도로
횟집 간판이 날아갔다
방파제를 넘어

비바람 그치고
바다 향한 창가에 햇살이 비치면
잠시 너의 환한 미소를 생각할 것이다

우리들 가슴을 할퀴고 간
깊게 패인 폭풍의 흔적
한 닢
한 닢
잎 질 줄을 아예 잊었던
한순간 툭 떨어지는
목련꽃 한 송이처럼

침묵이 말해주네

앙상한 겨울 나뭇가지에도
눈을 담을 넉넉함이 있어
나뭇가지마다 하얀 채색이 한창인데

앙상하게 말라버린 시커먼 나뭇가지
물기 없이 바사삭 부러져 버리고
뾰족하게 메마른

긴 겨울 침묵의 소리

명월明月

달아 달아
내님 같은
밝은 달아

밤하늘의
선명하고 고운 달아

그 고운 선이
아름다워
다가가건만

저만치 저만치
물러서 가는구나

너의 선명하고
밝은 모습에
편안함을
느끼고 싶다

잠시 멈추어 주렴
잠시만 멈추어다오

사후死後의 슬픈 이별

어쩌나 어쩌지
덧없다

삶이 덧없이
멈추고 말았다

인생항로人生航路의
마지막 삶

생각하고
준비하였겠나
불가항력의 방문
사후의 이별

사랑하는
이들의 곁을
떠나가게 될 것을
준비하였겠나

각각의 여유와
사연을 가지고
인생의
마지막 날을
맞이하게 된다

죽음은 사랑하는
이들과의 단절

그렇다
소중한 이들과의
준비되지 않은
슬픈 이별이다

붙잡아도 소용없다

붙잡아도 소용없다
붙잡아도 떠나간다
애통하고 구슬프다

이심전심이던
나의 소중한 사람이
곁을 떠나간다

달콤했던 행복과
환한 미소도
등지고 떠나간다

나의 소중한 사람아
무심하고 야속하다

떠나가는 그대의
뒷모습을 멍하니 바라보는
슬픈 이내마음

그대는 나의 이 모습
보지 못할 테지
그대를 보내는 이내마음
애달프고 구슬프다

움은 단단하게 단단하게 위풍당당
흔들리지 않는 새싹을 틔워
아름다움을 자랑한다

4부

새싹

월남전쟁

1
승리를 위해 멈추지 않는다
스무살의 젊음
해병 2여단 청룡부대

빨강색 깃발을 들고
나이 어린 스무 살의 젊음은

평화를 위협하는 무리에 맞서
정의감과 의협심으로
국가의 명을 받아
한번도
떠나보지 않은 고향을 나선다

부모 형제가 있는 집으로
되돌아 갈 수 있을까?
막연한 두려움과 무서움으로 부산항을 떠나
출항하는 배에 몸을 싣고
출렁이는 바다를 건너 건너서
기나긴 여정의 땅
타국 베트남
다낭항에 도착합니다

2
전쟁에 승리가 있을 수 있을까요?

전쟁은 이념이 다르다 해서
고집과 아집의 분열로
인간의 존엄성을 파괴합니다

오직 살아남기 위해
서로가 무자비한 살얼음 전쟁터

스무 살의 어린 해병은
공포심과 두려움을 떨치려
다짐하며 외쳐봅니다

귀신 잡는 해병
한번 해병은 영원한 해병
비굴하지 않고 용감히 싸워
고국으로 돌아가렵니다

공포의 베트남 정글
매일 밤
밤이 되면 시작됩니다

어둠이 스며들면서
마치 뜨거운 불속에 콩 볶는 소리 튀듯
튀는 총포소리

3

밤하늘
마치 불꽃놀이처럼
발발하는 야광탄 폭발음은
밤의 축제를 연상케 하는
판타지아를 연출합니다

무수한 생령들의 희생과 비극
어제의 마주침이
마지막 작별인사가 된 나의 전우들

살아남은 어린 전우는
함께 살아 돌아오지 못한 점에
죄스럽고 미안합니다

전쟁은 가장 잔혹한 고통이고 상처요
치유할 수 없는 아픔입니다

평화를 위협하는
특정인들의 국가에 의한
고집과 분열 아집으로 인한
전쟁은 없어져야겠습니다

4

인류의 평화를 위해
숭고하고 고귀하게 용감히 싸웠던

나의 동무, 전우들
함께 고국으로 귀향하지 못해 미안합니다

활짝 피어 보지 못하고 먼저 잠든
그대들의 노고와 희생

그대들의 영웅심을 높이높이 기리며
머리 숙여 애도합니다

전우여
호국의 영령들이여
부디 편히 잠드소서

낙산사에서

첫눈에 반하였다
홍련암 절벽 사이를 가로지르는 망망대해의 쉼터

태고적부터
수많은 시간을
함께 보내왔을 신비롭고 아름다운 절경

나는 첫눈에 반하여
감동에 도취되었고 잔잔하고 멋진 장관에 압도되었다

오랜 세월
나와 같은
인고의 시간이 없었겠는가
표류와 좌초의 위기가 없었겠는가

나는 잠시 눈을 감고
파도 속에 실려서 들려오는
말의 울림에
귀 기울여 본다

나의 귓가에
부드러움을 겸비한 거세고 힘찬 말의
속삭임이 나의 벗이라며 시원스레 시원스레
어깨동무를 청한다

세월

고락을 반복하는
시간을
기다림이라 하는가

비밀

나의 라임 오렌지나무의 다섯 살 꼬마 제제는
밍기뉴 오렌지 나무에게만 비밀을 공유합니다

이만큼 이만큼 세상을 살아보니
생각만큼 쉬지 않습니다

꼬마 제제의 친구 뽀루뚜까 아저씨의
위로와 사랑이 늘
필요하다는 것을 알아갑니다

이 만큼 이 만큼 살아보니
이야기를 나눌 수 있는
오렌지 나무를 꿈꾸게 되고

이 만큼 이 만큼 나이 들어보니
친구 뽀루뚜까의
우정과 사랑, 위로를 희망하게 됩니다

새싹

움은 힘겹게 힘겹게 열정과 수고로움을 마다 않고
아름다움을 위해 고개를 든다

움은 여리디 여린 싹을 틔우려
뜨거운 태양과 차가운 빗물을 피하지 않고
아름다움을 위해 힘을 기른다

마침내

움은 단단하게 단단하게 위풍당당
흔들리지 않는 새싹을 틔워
아름다움을 자랑한다

불길

붉은 불꽃이 신비로워 보여서 걸어가 봅니다

노오랑 불꽃이 따사롭게 느껴져서 들어가 봅니다

화려하고 화사한 불꽃이 아름다워 보여서 이끌립니다

그러나
불속에 들어가 느껴보니
불길은 신비로움으로 따사로움도 화사함도 없는
불길에 태워 날아가는 허상

결국 재가 되고 마는
허상의 불꽃일 뿐입니다

멘토

함께
들어주고
웃어 주고

함께
울어 주고
알려 주고

곁에서
도와 주고
나눠 주고

곁에서
기쁨 주고
희망 주고

곁에서 함께
사랑 주고
행복 주고

그것이 바로 멘토입니다

꿈과 희망

꿈을 꾸는 동안엔 향기로운 느낌을 경험하고

꿈을 꾸는 동안엔 소리 지르고 아프고 무너지고

꿈을 꾸는 동안엔 과거의 고통은 현재의 희망이 됩니다

희망을 생각하는 동안엔 기쁨의 향기를 확신하고
희망을 생각하는 동안엔 사랑하는 이와
행복을 함께할 것을 기대하고
희망을 생각하는 동안엔 미래는 현재의 다짐과 길이 됩니다

꿈과 희망은
불현듯이
왔다가 갔다가를 반복하는
기쁨의 연속 삶의 자원이며
인생을 인내하는 사랑의 길이 됩니다

나의 고향 군서면 구림리

나의 고향
비둘기 숲 구림리

삼거리 방앗간 비둘기 숲 속
방앗간에는 활기 넘치는
나의 아버지와
밝고 쾌활하신 어머니의
정겹고 훙겨운
소리가 묻어 있는 곳입니다

아직도

싱그런 향기와 추억의 소리가
살아 움직이는 것만 같습니다

무한한 사랑만 주시던 구림리 사람
정적이고 따뜻한
그립고 보고픈 구림리 마을

여전히

아버지와 어머니의
향수와 소리가 들리는 듯

유년시절의 따스했던 기억이
회상 속으로 빠져들게 합니다

겨울 새벽

캄캄한 새벽은
빛 찬란한 흰 눈이
곱디 고운 빛을
세상에 발산합니다

눈이 부신 이른 새벽
소복소복
흰눈이
사뿐 사뿐이 내려 앉아
기쁨을
뿜어냅니다

아무도
밟지 않은 이른 새벽에
사각사각
눈으로 보여지고 느껴지는 소리는
실로 아름답고 경이롭습니다

한가위 보름달

달이기에
꿀맛 단맛
쫄깃쫄깃한
송편을 선물한다

달이 있어
오손도손
옹기종기 모여 앉아
사랑을 주고 받는다

한가위 풍성한 달이기에
소망을
행복을
기원할 수 있도록 허락한다

한가위 보름달은
모두 모두에게
풍요롭고 풍성함을 선사한다

허상

인생은 주마등 같습니다
어쩌면 허상일지도 모르겠습니다

분노, 절망, 슬픔, 기쁨, 성취감도
추억 속으로 지나가고
이 순간도 추억 속으로 흘러가고 있습니다

주마등 같은 인생

잡힐 듯 잡히지 않는 허상

나의 모습을 품격과 윤기가 흐르도록
다듬어 인생의 거울에 비추어 보는 겁니다

허상일지도 모르는 인생을
주마등처럼 광선처럼 지날지라도 살아볼 만한
가치와 이유를 만들어 보는 겁니다

소중한 당신이 떠나갔다

당신의 소리가
때때로 들리지
않을 때가 있다

잠시 꽃잎처럼
흔들리고 싶어
소홀하였다

마치 소리를
차단한 듯이

문득 소홀히
흘려듣던 소리가
기억에 되살아나
들려서 온다

마음이 분주하다
그러나
소중한 그대가
당신이 떠나갔다

해바라기 믿음

모진 세파에도
요동하지 않는 믿음이
마음속 깊은 곳에서 숨을 쉬고 있습니다

거센 파동이 이는 바람에도
믿음이
거칠고 거센 바람의 움직임을 멈추게 합니다

설마 하는 의혹과 흔들림 속에서도
믿음은 떠나가려 하지 않습니다

잠시
푸르른 하늘을 올려봅니다

뜨겁고 따가운 태양 아래
활짝 핀 해바라기 꽃처럼
바라만 보아도 채워주고 메워주는
따스한 온기가 가슴에 믿음을 안겨줍니다

운명이 선물한 거역할 수 없는 인연의 끈을
해바라기 되어
믿음의 길로 함께 나란히 걸어 나아갑니다

시간과 기다림

세월의 시간은 빠릅니다
기다림의 시간은 더딥니다

세월의 시간은 빨리도 움직입니다
왜냐면
삶의 열정으로 일에 몰입하기 때문이고

기다림의 시간은 더딤을 느끼게 합니다
왜냐면
설레임과 조급함에 몰입하기 때문입니다

그러나
사실은

세월의 빠른 시간과 기다림의 시간은
함께 같이 움직입니다

그 집 추녀 끝에서

달구벌 하늘에 비 내릴 때
이상화 고택 검은 기와 얼룩무늬 돌담에
비 들이친다고
기적처럼 시를 데리러 온 너, 문학은
마르지 않는 우물

그의 집
안마당 펌프에는 물 말랐어도
빼앗겼던 봄에
들은 다시 돌아오듯이

상화가 가고 난 그의 집 처마에
낙숫물 다시 듣고 있었다

개망초

충청도 어디쯤
한여름 들판에
그 꽃
여저기 끈질긴 반 자른 삶은 달걀처럼 피었다

하얀 얼굴 위에 노른자 그녀는
억센 줄기 끝에 매달린
흔한 두통처럼 노랗도록 하얗다

예쁠 것도 없이 흐드러진
그녀 얼굴에
저만치 밤꽃 냄새
나비처럼 날아온다

제천 한여름 들판에는
여름마저 등짝이 아팠나보다
꺾어도 꺾어도 다시 핀다는
계란꽃 그녀

꺾이지 않는 조선처럼 일제 때 들어온
그녀 외롭지 않은 시어

맨발, 8월 모래사장처럼
쏟아졌던 너의 목소리는
동굴 속에 부러졌나 보다

어디에도 불지 않는다 뜨거운 모래는
밀려오던 파도덩이는 푸줏간이었다
푹푹 삶아대던 너의 목소리도
소주잔에 절여졌나 보다

쓸쓸해진 시어는
공허한 너의 목소리를 동글동글 빚어
항아리 속에 가두었다
숙성된 포도주 맛이 하늘로 잇는 동아줄이다
곰삭은 시어는 외롭지 않았다

평온의 한라산 정상은

아지랑이 등에 업고
층층대 계단을 오른다

깊고 높은 산새자락
울음소리 우렁찬 까막 동무가
길라잡이 비행을 한다

이국적 들판은
이끼 낀 화산석 바위 사이로
거친 생명을 뿜어내고

넓은 고지 돌밭에는
잔잔한 꽃들이 뿌리박힌 듯

아름다운 바다
산호초를 연상케 하고

여울목 층층 계단 꼭대기 정상은
구름의 무게를 감당하기 버거운 듯

안개로 변하더니 살포시
빗물을 떨구어 신비감을 선사한다

빼어난 한라산의 비경과 절경은
산사의 경치를 아름답고
신비롭게 수채화로 물들인다

아지랑이 만발한 한라산의
나무도 바위도 숨을 쉬길래

덩달아 거친 숨을 뱉어내고
평온의 숨을 들이마신다

태극기

비단천이
선율을 일으키듯

하늘거리는
온화로운 자태는

가슴이 뭉클하게
감동을 준다

단단한 광목처럼

펄럭펄럭
휘날리는 전율은

가슴에 무한한
애국의
긍지를 심어준다

잔잔한
움직임이 좋고

펄럭거리며 힘찬
움직임도 좋다

강인함과
아름다움의 조화가
어우러지는
감동이 좋다

높은 위상을
뽐내듯 자태가
당당하여 뿌듯하다

저 꽃들도 젊은 날 있었으리
아리따운 고운 자태 뽐내며
별과 나비에게 향기 자랑하며
그런 날 있었으리

5부

꽃으로 다시 피어나길

고인의 편지

– 안양장례식장 친구들에게

이 세상 떠나는 날
몇 날, 꽃여행길
여기서
잘 여미고 가네

새처럼 나비처럼
구름 타고 하늘로
훠어이 훠어이

사는 동안 흙길 고단했지만
마지막 가는 길은 황후되고
황제되어 떠난다네

몇 날, 꽃처럼 잘 묵고 가네
고맙네 친구들

금정역

금정역 대합실엔
열기가 타고 있다

온기라고는 얼음장 같은 난로엔
닥지닥지 무표정들이 팔딱팔딱 체온을 눕히고 있다

주름 도랑 얼굴 외국 군복 위엔
남자의 가슴이 타고 있다

장례식장 영안실처럼
굳은 얼굴, 얼굴에 패인 골짜기가
행선지를 찾아 떠나고 있다

난로만 남은 온기 없는 대합실엔
톱밥처럼 내일이 또 타고 있다

내일은 뙤약볕이 타들어 갈 것이다
함박눈처럼 뽀오얗게

기다리는 모든 이들에게

저 멀리
전철 철교 너머
반짝이는 불빛들
자정 넘어 귀가하는
전철 차창 밖

님 그리워
애태우던 마음의 한 자락
까맣게 까맣게
숯으로 타서
기다림에 지친 불빛들
한강 철교 밑으로
하나 둘
아스라히 사라지는
나뭇잎 되네

하나 주워 바구니에 담고
두개 주워 바구니에 담고

세개 주워 바구니에 담아
내일 씨를 뿌리리라

기다리는 모든 이들에게
꽃바구니 하나 가득
별도 담고
불빛도 담아

기다리는 모든 이들
가슴에 심으리라

꽃으로 다시 피어나길

요양원 침대마다 꽃들이 누워 있다
숙제 다 마치고 알맹이 다 주고 남은
움푹 들어간 영혼의 창을 껌뻑이며

저 꽃들도 젊은 날 있었으리
아리따운 고운 자태 뽐내며
별과 나비에게 향기 자랑하며
그런 날 있었으리

무심한 시간은 바다처럼
꽃들의 청춘을 한 잎 한 잎 띄워 보내고
야속한 시간이라는 놈은
한 치의 양보 없이 저 꽃들의 뽀오얗던 살갗마저
훔쳐갔으리라

하늘이 계신다면
열매들에게 뿌리 되어준 저 꽃들
시들어가는 저 겨울들에게
은총을 내리시길

하느님이 계신다면
껍데기 같은 저 꽃들에게 용서를 내리시길
하늘에 하느님이 계신다면
힘없이 누워계신 저 겨울들
다음 생에서는 더 찬란한 꽃으로 환생시키시길
이 땅에서
그들 꽃나들이 한 번 못하고
꽃 열매 위해 쟁기되었으므로
그 세상에서는 사랑만 받고
그 세상에서는 사랑만 하고
그렇게 그렇게 꽃으로 다시 피어나길
그렇게 그렇게 환생하기를

봄의 소리

봄이 오는 소리 있어
창문을 열었지

수리산 언저리 얕은 산
상수리나무잎 가랑잎 갈참나무잎
바삭바삭 밟으며 걷는 산길

길 따라 봄도 따라오고

우수 경칩 지나 아직은
입춘이 저기 있는데

벌써 마음 문 두드리는 봄의 소리

혹시나 마음 쳐진 내게도
꿈결같이 봄 새악시
살며시 찾아오려나

조금씩 조금씩
마음 밭에 떡하니 앉아버린
봄의 소리여

그대 있어
다시 아침을 열리라

소생과 생명의 이름으로
살며시 오는 그대여 !

아버지의 기도

내 아이들이 삶의 목표를 세우고
내일을 준비하는 땀을 배우게 하소서
매일매일을
한 땀 한 땀 수놓아
영롱한 별빛으로 빛나게 하소서
별 속에 별빛으로
반짝이게 하소서

식구食口

온 식구 한 밥상에 둘러앉아
함께 밥 먹는 일
눈물 나도록 감사한 일
둥지 안에 새들
옹기종기 제 각각
이리 저리 자신의 분주함을 찾아가고
숟가락 들 기운만 있어도 행복일지니

도란도란 함께 밥 먹는 일
세상에서 가장 아름다운 일

아침 산책

수리산의 아침 산책은
지나간 시절 회상의 시간입니다

수리산의 아침 산책은
지나간 아픔을 치유하는 시간입니다

수리산의 아침 산책은
평온함을 느끼는 기쁨의 시간입니다

수리산의 아침 산책은
하루의 계획을 정리 생각하는 시간입니다

수리산의 아침 산책은
맑고 신선한 활력 충전소입니다

장례식장 물빛

장례식장 물빛은 하나로 흐른다
이곳 바다는 뜻밖에 착하다
파도에서 나던 물비린내도
은행 썩는 내도
장례식장에 오면 흰옷 입은 경건을 먹는다

가시는 분 비린내 나는 음부 입은 업들도
여기 사진 속에 오시면 지천으로 깨끗한 꽃을 먹는다
공사장에 곡괭이 노동으로라도
향나무 관 하나

꽃 무덤은 남은 자들의 기도원이다 틀림없는
마지막 가시는 길에는 따지지 않는다 아무것도
회칠한 샛강을 이미 건너
어디론가 돌아가는 이는
누구나 꽃처럼 끝없이 깨끗하다

수의壽衣

이 세상
떠나갈 때에

망자에게
수의 한 벌
정성 다해 입혀드린다

망자의 몸을 씻기고
남성은 도포, 띠
여성은 원삼, 띠

두루마기, 속바지, 속치마
겉 바지, 겉치마, 댓님
속저고리, 겉저고리, 손 싸개
안면 싸개, 턱받이, 요(지금)
이불(천금), 베개, 단, 끈

오랑을 수의라 말히고
그 옷을 입혀 드리는 것을

습한다고 말한다

생전에 망자가 무엇을 하였든
수의 한 벌 챙겨 입고
떠나는 것이다

이생에서 저 생으로 가는
마지막 여정

모든 것을 내려놓고
무소유로 떠나는
회한의 길

황금보리의 이삭

황금 들녘
보리밭에

노고지리 떼가
옹기종기 모여
우짖는다

헐벗은 땅의
매서운 겨울
한파를 견디고

곡물의 풍미를 담아낸
황금 보리는

한여름 풍성한 수확에
위세가 당당하다

황금 들녘의
풍성한 곡물을

지나가는 새들에게
유감없이 이삭을
풍요롭게 내어준다

노고지리 떼는 흥겹게
풍성한 봇짐을 메고

황금 들녘 길 따라
비상의 날개를 펼친다

단비

폭염을 뚫고 내린다
물 폭탄을 쏟아 붓는다

가물었던 절박함
대지의 갈증을
해갈시켜준다
단비라 부른다

물결, 바람을 동반한
굵은 빗방울이 떨어진다

수면 깊숙이 굳은 땅 깊숙이

자신만만
수면 위를 찰랑이게
굳은 땅에 단비가 되려
세차게 내려도 본다

우주만물의
살아 숨쉬는 생명들이
기쁘고 행복하다

여명

정적 속 캄캄한 밤에
합창소리가
꿈속으로 추억 속으로
문을 두드린다

먼 곳의 소리인 듯이
아니
문만 열면 들릴 듯이

귀뚤귀뚤
귀뚜라미 소리가
사색의 문을 연다

눈을 뜨고 지센
긴긴 밤
사색에서 나와 보니
귀뚜라미 합창은 멀리 사라지고

이른 새벽을 알리는
여명이 밝아 오고 있다

파도 앞발

엊저녁 잠도 꾹꾹 눌러 담아
새벽 기차로
남으로 남으로 걸었다

너른 바다에 홀려
야금야금 몰려오는 파도 앞발에
화들짝 갈매기떼들
차운 파도 끝에 베일까
갈매기 발자국, 붉은 발자국 마다마다
파도가 지우고 달아난다

꾹 눌러 담은 자국
꾹꾹 참아온 붉은 자국마다
스멀스멀 파도 앞발이
살며시 지우고 달아난다
바다가 바다를 지우고 달아난다

가죽 신

3월에 날으는 물고기는 바다로 곤두질이다
지나는 곳마다 팔딱이던 무늬 그리고描
무늬 하나 지울 줄 몰라
맥주거품이 새벽길에 매캐했다
사과씨만큼 단단한 약속을 물고
꿈 속이라도
주름 고랑 깊은 바다를 향해
배로 바닥을 밀고 나갔던 네 몸짓에
가죽신 하나 입히고 싶다
초조와 안간힘 사이엔
은빛 날개
눈이 부셨다

내 운명의 검은 자오선을
하얀 관 속 같은 강물,
심지 위에 기도
마음 올리며
달빛에 미소 짓는다

6부
달빛 미소

착한 내 새끼들

기다리다가
2555일 침상 위에 깃털처럼 꽂히셨다가
깃털 뽑아 날개삼아
떠나신 귀천歸天

"느그들 한 번이라도 더
보고 싶었던 거여"

마지막 가시는 길
향나무 관
꽃으로 흉벽胸壁을 새기면
불효 달래질까

2555일
빗겨가는 교차로 길

* 2555일 = 7년x365일. 7년 동안 요양원 침상위에 누워계셨던 날을
계산한 숫자이다

소통에 목 말라

백두산 천지에 물이 다 말랐다
너에게 나 또한 말라 버렸나보다

동해 맑아서 고운 한 바가지 떠다
천지에 부어주면
남해 맑아서 뜨거운 한 바가지 떠다
네 가슴에 부어주면

백두산 천지에서 네 가슴까지
내가 주렁주렁 열리려나
동해, 남해 펄펄 팔딱이는 물 다 마르도록

달빛 미소

타오르는 제단에
제물 한가득 올리고도
촛불 심지에 삶은 불 올리고도
절 한번 올리고

매운 한강 물에 촛불을 켜면
어둠의 공백 뜰채처럼
강물 위에 문이 열리고
기도의 노래는
차디찬 고독 속에 작열한다

내 운명의 검은 자오선을
하얀 관 속 같은 강물,
심지 위에
기
도
마음 올리며
달빛에 미소 짓는나

삼척 바다

거세게 몰아치던 삼척 바다에서 보았다
비바람 치는 파도 끝
방파제에서 부서져 내리는
껍질을 벗어던진 알감자들

디케의 저울은
저 바다의
매운 도루묵 조림 맛
선조 임금이 도루 물리라 하셨다는
거세게 몰아치던 삼척바다
파도 끝에 걸린 하얀색 매운맛

매화

해운대 5월 바다는
한겨울 매화梅花다

모래 위에 앉아
꽃잎을 마주하니
모래는 노년의 윗목처럼 차다

터질 때를 예약해 놓은 듯
화약이 시간마다
발밑에 매화로 폭발한다

파도 끝에 하이애나 괴성이 번뜩였음일까
앉을 자리도 없던 모래톱까지
파도가 들어왔는지
파도
부산 앞바다 바닷물에 아침이 길다

술잔 속에

탑골공원에
눈 속에 눈이 가득인데
내 술잔 속에
하이애나 처럼 도도하게 드러누운 너는
아직도 쾅쾅 발을 뻗는 너는
얼어서 뜨거운 가슴
나무 숲 속으로
아직도
하얗게 하얗게
함박눈 속에
다리 뻗는 너는

만파식적

시집을 읽는다
노을이 기차 안으로 들어오고 그곳에
구원의 종려나무 한 그루 서있으므로
태평양 건너 시는 나를 취하게 한다
독주처럼

어디서든 들려와야 할 만파식적
피리소리 들리면 어떤 국난도 이겨낸다 했다지
신라의 피리
천년의 시간을 넘어 들려왔으면
그곳에 구원의 종려나무 한 그루 서있으므로

| 해설 |

시인 의식에 대한 의미론적 고찰

- 최홍준 시인의 「솔잎 향기 되어」를 중심으로

강 미 경 笑耳(시인)

1. 들어가는 글

우리들은 시를 왜 쓰는가? 시인들은 왜 시로 인해 고뇌하며 시 한편을 창작하는 데 몇 날 몇 년 동안, 골수의 에너지를 모두 쏟아 붓는가?

시를 쓰는 이유를 묻는 것은, 가장 고도의 정신적이고 지성적인 답변이 요청되는 질문일 것이다.

예술의 기원부터 생각해 보자. 예술은 원시인들이 집단으로 모여 춤과 음악으로 하늘에 제사지내던 집단무의식 - 본능에서부터 출발했다. 하늘에 드리는 기도문, 음악에 맞춰 하늘에 드리던 노랫말이 곧 시의 기원이라고 할 수 있다. 인간의 한계와 나약함을 하늘에 의존하며 드리던 기도문이 곧 詩이다. 그래서 W.H.Hudson은 "욕망이 곧 예술의 본능이다."라고 역설했던 것처럼 시는 곧 '본능적 언어의 산물' 이다.

우리들 자신이 갖고 있는 자기표현의 욕구
실존 세계의 흥미에 대한 욕구
실존 세계에서 구할 수 없는 상상 세계 - 창작의 욕구

가. 詩作의 본질이다.

각자의 견해에 따라서 시와 시인에 대한 견해나 그 관점과 개념은 다를 수 있다. 그러나 시인의 경우 인류에게 보편적으로 정서함양과 정신적 승화에 도움을 주기에 그 존재 가치가 필요한 것이라고 하겠다. 이런 면에서 볼 때, 최홍준 시인의 시 전편에 흐르는 작품성은 시의 본질에 닿아있다. 또한 W. 워즈워드가 말한 대로 "쓰지 않고는 견딜 수 없는 그 어떤 강렬한 감정의 자연적 유로(流露)" 가 최 시인의 시에 강하게 표출되어 있다. 최 시인이 〈시인의 말〉에서 말한 대로, 최 시인은 "시를 씀으로써 자신의 표현 욕구를 표출하며 카타르시스(catharsis) — 정서순화를 얻고자 했다" 고 보인다.

더 나아가 독자들에게 강한 감동을 이끌어내고 있다. 그런 관점에서 최 홍준 시인의 작품 논평을 의뢰받고 덤덤한 심사로 원고를 훑어보다가 장래성 있는 시인이란 가능성을 보고 기꺼이 작품에 대해 필자 나름대로의 논평 의욕을 느끼게 된 소이(所以)를 서두에서 미리 밝혀둔다.

최 홍준 시인의 작품들을 통독한 후 필자는 시집에 나타난 그 특성과 양상(樣相)을 역사의식, 휴머니즘(인간에 대한 연민), 소통에 대한 갈망, 자연 친화(물아일체)에 대해 간략히 그 의미론을 고찰하면서 논급하려는 것이 본문의 취지이다.

2. 시편 들여다보기

가. 최홍준 시에 나타난 역사의식

고금도 가는 길에 비 내린다
3시간 길이 여덟 시간 옥타브 흐리고 느린 빗속을
처덕처덕 느리게 간다
몇 백 년 전 그가 며칠 머물던 곳을
찾아오는 건 바람과 햇살 드리운 우리들 뿐
거북선을 고치고, 병사들의 정신교육장
그들이 머물던 흙 언덕에 바다 그림자
드리우고
목이 아프도록 푸르른 완도엔
그를 사랑하는
발자국 드물기만 하다

고금도 가는 길에 푸른빛
애끓는 바다와 고금도

「고금도」 全文

J.R. 실리는 「영국정책의 성장」 중에서 "역사란 지나간 정치요, 정치는 현재의 역사이다" 라고 정의한 바 있다.

M.T. 키케로는 자신의 역사관에 대해 이렇게 피력했다. "역사는 참으로 시대의 증인이요, 진실의 등불이다.", "역사는 세월의 흐름을 입증하는 증인이다. 그것은 현실을 밝혀주며, 기억에 활력을 주며, 일상생활에 지침이 되며, 우리들에게 고대인들의 소식을 전해준다. (History is the witness that testifies to the passing of time; it illuminer reality, vitalizes memory, provides guidance in daily life, and brings ustidings of antiquity. — M.T. 키케로〈수사학〉—)

우리 민족의 뼈저린 수난사, 그 역사의 현장에서 시인은 애국선열들의 고난, 그 질곡의 와중에서 민족의 재단에 자신을 바친 거룩한 생애를 떠올리고 있다. 「고금도」에서 시인은 3시간이면 갈 수 있는 곳을 비 때문에 여덟 시간이 넘게 걸려서 찾아갔다고 적고 있다.

그곳에서 완도의 푸른 바다를 즐기기보다, 시인은 이순신 장군의 흔적을 찾아 더듬는다. 고금도에서 이순신 장군이 거북선을 수리했던 역사적인 사실을 목도하며 몇 백 년 전의 역사 현장을 시로 형상화내고 있다. 이순신 장군의 유해를 80일간 고금도에 임시로 안장했던 충무사 사당을 둘러보면서 "목이 아프도록 푸르른 완도"라고 최 시인 자신 안에 내재화하고 있다. 또한, "한산도 달 밝은 밤에 수루에 혼자 앉아/큰 칼 옆에 차고 깊은 시름 하는 차에/어디서 일성호가는 남의 애를 끊나니// - 이순신 「한산도가」를 떠올린다. 고금도에서 이순신 장군의 유적지 충무사와 장군의 유해가 묻혔던 흙 언덕(월송대)을 보고, 「한산도가」를 떠올리며, "고금도 가는 길에 푸른빛/ 애끓는 바다"라는 표현으로 몇 백 년 전, 이순신 장군의 애끓는 심정과 현재의 푸른빛 완도 앞 바다를 묶어서 직시하는 시인의 시선이 놀랍다. 상당한 경지의 시적 표현과 형상화라고 하지 않을 수 없다.

이같이 최 시인은 여행지 - 역사 유적지를 여행할 때면, 그곳의 역사를 외면하지 아니하고 예리한 감수성으로 여행지에서의 심회를 그려내고 있다.

다음의 시를 살펴보자.

출렁이는 파도에
온통 몸을 다 맡기고
통영의 어느 음악가
어린 시절 아버지와 밤낚시를 나섰다는
전설을 녹차 밭 바다에서 건져 올렸다

그가 통영 앞바다를 그리워하며
독일 하늘 아래서 쓸쓸히 숨졌다는
구절을 짜디짠 바닷물에 헹구어

그의 협주곡에 섞인 가야금 소리 통통거리던
고음을
갈매기 끼룩이는 소리에 섞어

만리 밖에서 울며 걸어오는 파도의 높이를 재면서
마음 뼈에 박히는
파선의 두려움
눈에 흐르는 눈물, 흐느낌이라 쓴다

수면이 잔잔한 바다 위에
화륜선火輪船 지나간 자리
멀도록 하얗게 부서지는 하얀 포말을
음악이 남긴 흔적의
긴 울림이라 쓴다

「매물도 가는 길」 全文

* 윤이상(尹伊桑, 독문명: Isang Yun, 1917년 9월 17일 ~ 1995년 11월 3일)은 서독과 통일 독일에서 활동한 대한민국 출신의 현대 음악 작곡가, 바이올리니스트, 기타리스트, 첼리스트이다.

시인은 통영에서 매물도로 가는 배를 타고 가면서, 파선의 두려움을 마음 뼈에 새기면서도 통영바다에서 통영의 음악가를 떠올린다. 그 음악가가 어린시절 아버지와 밤낚시를 나섰다는 것(1연4행)과 음악가의 생애(2연 2행)를 서사(敍事)로 압축적으로 그려낸다. 또한, 화륜선 지나간 자리에 하얀 포말의 흔적을 음악이 남긴 흔적으로 병치시키는 메타포(metaphor -은유)로 다루는 표현력은 시 쓰는 능력의 탁월함을 보인 예라고 하겠다. 윤이상 작곡가는 독일의 베토벤에 버금가는 천재성을 인정받았던 음악가다. 독일 유학길에 나섰다가 길에서 북에 납치되었던 이력 때문에(북을 찬양하는 곡을 작곡했을 것을 의심받은 이유) 그는 한국 정부로부터 입국정지 명령을 받고, 독일에서 고향 통영 바다를 그리워하며 외롭게 숨을 거둔다. 그런 이야기를 최 시인은 통영 여행에서 놓치지 않고, 시로 형상화해 내었다. 들판에 핀 이름 없는 작은 풀잎의 흔들림에도 귀를 기울일 줄 아는 것이 시인의 시선이며 시인의 귀다.

나. 최홍준 시에 나타난 소통에 대한 갈망

야트막한 산자락
크고 작은 소나무 있었네
하늘 향한
휘어지기도 곧기도

삐죽삐죽한 솔잎 초록
솔향기 가득한
솔잎 바다

봄을 이어 가을도 푸르다가

누렇게 변한 겨울도 있었지

솔잎 향기 가득
솔잎처럼 솔향기 되어
추억 속에 퍼지는 듯 하구나

솔잎 속에 살아있는 듯
솔
솔
솔 향기

「솔향기 되어」 全文

이 시집에 제목인 「솔향기 되어」는 "솔잎 향기 가득/그 옛날 시간 속/솔잎처럼 솔향기 되어/추억 속에 퍼지는 듯하다//솔잎 속에 살아있는 듯/솔. 솔. 솔향기//" 라는 구절에서 읽을 수 있듯이, 시인은 추억 속에 있는 누군가 - 친구인지 연인인지 동료인지 부모님인지는 알 수 없으나, 관계성을 추억하며 - 소통을 갈망하고 있다. 소나무는 사시사철 푸른 상록수(常綠樹)다. 언제나 변함없는 소나무의 향기처럼 추억 속에 퍼지는 듯하다. 솔잎과 같은 영원성을 갈망하고 있다. 스러져갈 것들에 대한 역설적인 갈망으로의 회귀 본능, 그것은 원형(Archetype)으로의 회귀를 갈망하는 시인의식을 보여준 예라고 하겠다. 그런 면에서 모든 이들의 소망과 닿아있다고 하겠다. 다음의 詩도 감상해 보자.

포항 밤바다를 걷는다
바다는
밤에 영락없이 파도 속에
찬바람을 숨겨 두 볼을 만져준다

네四발 파도 발톱 살금살금
마침내
발 앞에 하얗게 부서지자
자정 옷깃에 부딪는 얼음 파도 발자국
지금도
어느 해안선에 꼿꼿이
잠 못 이루는 해병
너를

이제야 철들어
해안선에서 너를 영구히 기억할지라도
해병대, 지난 수년 교차로 좌회전
파도 끝에
저만치 등대에 초록불 깜빡인다

하얀 몸 초록 빛
너는 평안의 나침반이다

「해병대원을 추억하며」 全文

이 시는 포항 밤 바닷가를 거닐며 해병대원을 추억하는 시라고 할 것이다.

1연 4행에서 "찬바람을 숨겨 두 볼을 만져준다"는 표현에서 찬바람과 만져줌의 촉각적 이미지를 살려내는 시적 장치를 볼 수 있다. 또한 2연 1행 "네四발 파도 발톱 살금살금"에서 파도를 네(四)발, 발톱으로 비유하여 표현한 것이라든지, 2연 3행에 "발 앞에 하얗게 부서지자"라는 시각적 이미지의 형상화를 보면, 최 시인은 자연현상을 시어로 창조해내는 언어의 연금술을 이미 연마한 듯해 보인다.

3연 1행 "자정 옷깃에 부딪는 얼음 파도 발자국"의 표현을 살펴보

자. 자정이 넘도록 해안선을 지키는 해병대원들의 노고를 얼음 파도 발자국으로 표현해냈다. 파도의 발자국은 해변 모래 위에 남지 않는 법이다. 그저 사라질 뿐이다. 어느 해안선이 꽂꽂이 서서 불침번을 서고 있는 장병 - 해병대원들의 노고가 파도 발자국처럼 아무 댓가도 요청하지 않고, 대단한 공로를 치하받으려 하지 않고 묵묵히 국방을 지키고 있는 해병대원들을 시로 형상화내는 시의 필력을 여기서도 엿볼 수 있다.

"자정 옷깃에 부딪는 얼음 파도 발자국/지금도/어느 해안선에 꽂꽂이/잠 못 이루는 장병/너를//이제야 철들어/ 해안선에서 너를 영구히 기억할지라도 /해병대, 지난 수년 교차로 좌회전 /파도 끝에 /저만치 등대에 초록불 깜빡인다//" 최 시인은 해병대 출신인 것으로 알고 있다. 해병대원으로서의 자부심과 군시절의 고단함을 추억하며 지은 시로 보인다. 이 시의 끝구절 "하얀 몸 초록 빛 너" = "평안의 나침반" 으로 병치시키는 최 시인의 능력과 평안을 갈망하는 시인의 내심을 간파할 수 있었다. 이와 같은 류(類)의 시에 「봄의 소리」, 「목이 마르다」, 「기다리는 모든 이들에게」를 들 수 있겠다.

다. 자연 친화(물아일체)적인 시

조선시대 시조 시인들은 음풍농월의 자연친화적인 시를 읊곤 했다. 윤선도의 오우가(五友歌)에서 보인 자연친화적인 시풍을 최 시인의 시에서도 읽을 수 있다. 「포물선은 보이지 않는다」, 「뾰족 부리 갈매기」, 「바위 틈 사이 나무」, 「산길」, 「산과 산 사이」가 그것이다. 특히, 「산길」을 살펴보자.

산 길 따라 한 걸음 한 걸음
저 멀리 산기슭 멀어질수록

사람들 속에서 엉킨 실타래도
한낱 띠끌이라고
산 위로 위로 오를수록
바람타고 속삭이는 소리 있어

아픈 다리도
헉헉 거리는 거친 숨소리도
마음의 분진도
산에 버리고

상큼한 산 내음 두 볼을 감싸고
초록 향기 가득 마음에 넣어
가슴 가득 차오르는 기쁨

산길은 마음에
치유의 길

「산길」 全文

"산 밑에서 얽힌 마음의 새끼줄도/사람들 속에서 엉킨 실타래도/한낱 띠끌이라고/산 위로 위로 오를수록/바람타고 속삭이는 소리 있어//아픈 다리도/헉헉 거리는 거친 숨소리도/마음의 분진도/산에 버리고//" 라는 표현에서 보면, 최시인은 엉킨 실타래와 마음의 분진 등을 모두 산에 버린다. 그리고 "초록 향기 가득 마음에 넣어//가슴 가득 차오르는 기쁨//분진을 버린/청량한 충만" 을 얻는다. 자연친화적인 사유가 시에 녹아있는 시라고 하겠다.

3. 나가는 글

위에서 최홍준 시에 나타난 시적 사유와 철학성을 크게 세 가지 - 역사의식, 소통에 대한 갈망, 자연 친화(물아일체)의 시로 나누어 살펴보았다. 여기서 더 나아가 그의 시의 특징을 한 가지 더 언급하고 글을 맺고자 한다. 우리 일반인들은 생사(生死)의 문제를 그리 민감하게 생각하지 않을지도 모른다. 그러나 최 시인은 직업적인 시각으로 죽음에 대한 통찰을 깊이 사유하는 시편들을 여러 편 보이고 있다. 「고인의 편지」, 「식구」, 「금정역」, 「장례식장 물빛」, 「꽃으로 다시 피어나 길」 의 시 등이 그것이다. 최시인은 시에 대한 공부가 깊은 모양이다. 다음의 시에서 문학의 원형(原型) - archetype을 표출해내는 것을 감상해 보자.

요양원 침대마다 꽃들이 누워 있다
숙제 다 마치고
알맹이 다 주고 남은
움푹 들어간 영혼의 창을 껌벅이며

저 꽃들도 젊은 날 있었으리
아리따운 고운 자태 뽐내며
벌과 나비에게 향기 자랑하며
그런 날 있었으리

무심한 시간은 바다처럼
꽃들의 청춘을 한 잎 한 잎
띄워 보내고
야속한 시간이라는 놈은
한 치의 양보 없이

저 꽃들의 뽀오얗던 살갗마저
훔쳐갔으리라

새싹 돋는 봄날을
기다리는 저 꽃들
하늘이 계신다면
열매들에게 뿌리 되어준 저 꽃들
시들어가는 저 겨울들에게
은총을 내리시길
하느님이 계신다면
껍데기 같은 저 꽃들에게 용서를 내리시길
하늘에 하느님이 계신다면
힘없이 누워계신 저 겨울들
다음 생에서는
더 찬란한 꽃으로 환생시키시길
이 땅에서
그들 꽃나들이 한 번 못하고
꽃 열매 위해 쟁기되었으므로
그 세상에서는 사랑만 받고
그 세상에서는 사랑만 하고
그렇게 꽃으로 다시 피어나길
그렇게 그렇게 환생하기를

「꽃으로 다시 피어나길」 全文

위에 全文에 흐르는 재생과 부활에 대한 갈망은 최 시인이 시를 통해서 갈망하는 세계관과 닿아 있다고 하겠다. "힘없이 누워계신 저 겨울들/다음 생에서는/더 찬란한 꽃으로 환생시키시길/이 땅에서/그들 꽃나들이 한 번 못하고/꽃 열매 위해 쟁기 되었으므로/그 세상에서는 사랑만 받고/그 세상에서는 사랑만 하고/그렇게 그렇게 꽃으로 다시 피어나길/그렇게 그렇게 환생하기를 //" 이 세상에서 꽃 나들이 한번 못하고, 노동만 하며 살아온 일생을 쟁기라는 사물로 비유한 표현력이 놀랍다. 또한, 요양원에 누워계신 어르신들이 다음 생에서는 꽃으로 다시 피어나 사랑만 하고, 사랑만 받고 살게 되길 기원하는 최 시인의 염원을 담아, 가스통 바슐라르[1]적 이미지네이션을 통하여 서정적 파토스(Pathos)와 호소력으로 독자의 공감대를 확장시키고 있다. 독자의 한 사람으로서 최 홍준 시인의 시에 깊이 공감하는 바이다. 시는 초극(超克)이다. 바위에서도 꽃이 핀다고 역설적으로 볼 수 있는 게 시인의 시선이 되어야 한다. 그런 의미에서 볼 때, 최 시인이 그려내고 있는 시편들은 세상에 대한 연민과 사랑, 소통을 갈망하며, 자연과 친화하려는 염원과 죽음을 초극하여 재생과 부활을 꿈꾸는 세계관을 보여준다고 하겠다. 시 전체에 흐르는 사유와 철학성을 살펴보았다. 앞으로도 훌륭한 시를 많이 빚어줄 것을 기원하며 글을 맺는다.

---

1) 가스통 바슐라르 : '촛불의 미학'의 저자로서 프랑스의 문학비평가, 구조주의의 선구자이며 시론, 이미지론으로도 유명하다.

솔향기 되어

처음 인쇄 2019년 3월 2일
2쇄 발행 2019년 8월25일

지은이 최 홍 준
펴낸이 이 승 한
편　집 이 수 미
펴낸곳 도서출판 엠-애드
등　록 제2-2554
주　소 100-863 서울 중구 충무로 4가 36-7 2층
전　화 02)2278-8063.4
팩　스 02)2275-8064
E-mail madd1@hanmail.net

정가: 12,000 원

ISBN 978-89-6575-112-0